Einfach poetisch!

…Gerne komme ich dem Wunsch
meiner Leser nach, Gedichte aus
„Einfach traumhaft" und aus
meinen neuen Buchprojekten
als MINI - Gedichtband
mit „Einfach poetisch"
zu veröffentlichen …

Bisher erschienen:
Einfach traumhaft
ISBN 9783752860368 Print
ISBN 9783752838411 E-Book

www.r-se.de

Ramona Sürie

Einfach poetisch!

**Gedichte
aus
Vergangenheit
Gegenwart
Zukunft
Zeit und Raum**

Bibliografische Information der Deutschen Nationalbibliothek:
Die Deutsche Nationalbibliothek verzeichnet diese Publikation in der Deutschen Nationalbibliografie; detaillierte bibliografische Daten sind im Internet über http://dnb.dnb.de abrufbar.

Illustration: Ramona Sürie

Herstellung und Verlag: BoD – Books on Demand, Norderstedt

ISBN: 9783750452381

Inhaltsverzeichnis

BESTÄNDIGKEIT

Es wächst und gedeiht
Triebe, Pflanzen, Blüten
Sich aneinander reiht
Bienen den Erhalt hüten

Sonnige Frühlingszeit
Windstille, warme Luft
Alles gerne draußen weilt
Kälte so einfach verpufft

Sonnenstrahlen genießen
Wölkchen nachschauen
Gedanken wegfließen
Hoffnungen aufbauen

Unsere Welt erhalten
Natur nicht minder
die Erde besser verwalten
für unser aller Kinder!

BEWUSSTSEIN

Das Wichtigste

für den Menschen

ist der Traum

losgelöst von Zeit und Raum

darin liegt neben Gesundheit

auch das Glück

die Zufriedenheit

das menschliche Bewusstsein!

Biografie

Uups, wie so oft verflogen
wieder zu früh abgebogen
Ziele wie üblich verschoben
Gedanklich nicht aufgehoben
mal wieder sich selbst belogen
oder von dem Leben betrogen?

In der Zukunft vorankommen
im strahlenden Erfolg sonnen
Gras unter den Füßen spüren
ein Leben mit der Erde führen
den neuen Tag fröhlich beginnen
sich selbst öffnen, ohne zu ringen

die gegebene Zeit zufrieden sein
schöne Zweisamkeit im Lichtschein
ah, Vitalität, jugendliche Schönheit
die in jungen Jahren bei uns weilt
ist naturbedingt längst vergangen
das Alter hat den Körper gefangen

Gesundheit wird zur Top Priorität
gemächlich Jahr und Zeit vergeht
mögliche Erlebnisse sind reduziert
Herzenswärme vielleicht gefriert
Erinnerungen füllen leeren Raum
absehbar endet der Lebenstraum!

DREIDIMENSIONALITÄT

Die Zukunft
ist voller Fragen
Blicke voraus wagen?

Die Gegenwart
Gewissheiten wanken
Unsicherheiten ranken

Die Vergangenheit
weit entfernt schwingt
mit Erinnerungen winkt!

DU

Das Universum ist schön

sei du es auch

Das Universum strahlt

Tu du es auch

Das Universum ist voller Energie

So wie Du auch

Das Universum ist grenzenlos

Die Liebe in Dir auch!

DIESER EINE

Hast Du jemals einen Traum gespürt
der dein Leben täglich neu berührt
dieser "Eine" der dich stets weiterführt
irgendwann dein erhofftes Ziel kürt

Durch den Du weißt
Du hast dich selbst gesehen
kannst dich selbst verstehen
was auch heißt und beweist
deinen Lebensweg zu gehen

Ohne Druck, Eile oder Hast
dein Schritt dem Ziel anpasst
alles klar mit Deutlichkeit siehst
was entlang diesem Weg sprießt

Schritt für Schritt geht es weiter
vollkommen gelassen auch heiter
um diesen Traum Boden zu geben
aus dieser Kraft zufrieden zu leben

Du bist an diesem Ziel angekommen
zugleich fühlst Du es verschwommen
der Glaube an Dich hat es vollbracht
dein Traum den Ursprung erschafft!

EEE...

Ein Mensch ist emotional intelligent, wenn seine individuellen Gefühle zusammen treffen mit den Anforderungen jeglicher fremden Empfindungen

„

„Ein Mensch ist emotional kompetent, wenn seine individuellen Fähigkeiten zusammen treffen mit den Anforderungen jeglicher zwischenmenschlichen Situation"

„Ein Mensch ist ethisch kompetent, wenn seine individuellen Fähigkeiten und Sinne zusammen treffen mit den Anforderungen jeglicher Lebenssituation."

EGAL

Am Himmel die Wolke bricht
Hervor kommt das Sonnenlicht

Es gibt nichts zu verstehen
Einfach nur voran zu gehen

Lass sein Schuld zu ertragen
Vergangenheit zu hinterfragen

Egal wie kurz oder lang du lebst
Feiere, dass du im Jetzt bestehst!

EINST...

Einst geboren
Einst erkoren

einst ärmlich
einst reichlich

einst nur Tand
einst im Gewand

einst ruhig gelebt
einst Sinne gebebt

einst so eben gereicht
einst die Ziele erreicht!

ENGEL

Aus einem Traum erwacht
während dieser Nacht

Engel saßen am Strand
nah an dem Meeresrand

blaue Augen liebevoll
Schauen auf ohne Groll

wir sind immer noch da
für Euch Menschen, na' klar

Und das 12 Monate im Jahr!

FLUCH ODER SEGEN

Hast Du jemals einen Fluch gespürt
der dein Leben täglich neu berührt
dieser Fluch, der kein Tag schwänzt
und die Hoffnungen stets begrenzt

Sie scheinen dich zu begleiten
Konflikte und Schwierigkeiten
Probleme, Hindernisse, Hürden
die dir täglich Last aufbürden

Vielversprechendes hast du versucht
ohne Erfolg, denn du bist verflucht
Wer oder was kann dich erlösen
von diesem Fluch des steten Bösen

Ein Ritual weht den Bann nun fort
an diesem von dir gefundenen Ort
weiße Magie heißt das Zauberwort!

GEBORGENHEIT

Brennendes Holz im Kamin knistert leise
begleitet mich auf meiner Tagtraumreise

Draußen weht mit starken Böen der Wind
Dicke Schneeflocken seine Gespielen sind

Gemütliche Wärme beschwingt die Räume
Erquicklich ist es im Feenreich der Träume

Gestärkt kehre ich wieder ins Hier und Jetzt
so erfüllt mit Geborgenheit zu Guter Letzt

Holzscheite füge ich zu der gesetzten Glut
brennendes Feuer lichterloh entfachen tut

Die Natur läutet gegenwärtig zur Ruhe ein
Aus der Wolkendecke bricht Sonnenschein

Die Abendsonne blinzelt ins Fenster rein
Gepaartes Licht lädt zur Besinnlichkeit ein!

GESCHENKE

Träume sind
die Kinder unserer Zukunft

Kinder sind
das Vermächtnis unserer Zukunft

Vermächtnisse sind
das Geschenk des Lebens

Geschenke sind
die ursprüngliche Universalität

Universalität keimt
dort wo des Menschen Ego endet!

GLÜCK

Gestern gänzlich verschwommen
Heute mehr als bloß benommen
Morgen noch nicht angekommen

Die Zeit ist weiterhin verronnen
Gedanken unendlich versponnen
Lebensgipfel nimmer erklommen

Ungeahnte Chancen sind gelegen
Auf mannigfaltig neuen Wegen
Zufall und Glück sei dir gegeben!

GUT VS. BÖSE

Zauber, der oft sehr schnell verfliegt
guter Zauber, der meist final siegt

Sprüche, Rituale und Zauberwesen
Hexen hochfliegend auf dem Besen

Merlin, Elfen und viele gute Geister
allesamt wahre Zauberkunstmeister

Heraufbeschwört für die Gegenwart
die Energie vorher in Avalon verharrt

mit Mut als auch Kraft sind sie bereit
die Welt von dunkler Macht sei befreit!

HIMMELSRICHTUNGEN

Im Norden fließt das Wasser
Im Süden brennt das Feuer

Im Osten geht die Sonne auf
Im Westen steht das Zeichen

Wasser ist unser Leben
Alles ist veränderlich

Feuer reinigt alles
Nichts ist von Bestand

Sonne gibt uns den Tag
erleuchtet uns mit Licht

Westen ist die Harmonie
Da ist das erhoffte Ziel!

KLARHEIT

Traumsequenzen in der letzten Nacht
haben mich unerwartet wach gemacht

Vieles ist nunmehr vollkommen klar
was so in der Vergangenheit geschah

Welcher Boden in der Gegenwart besteht
wie sich das Rad für die Zukunft dreht!

Klimawandel & Co

Mit den Delfinen schwimmen
im Meer Plastik durchdringen

Mögen wir Lebewesen stets
Wasser zum Trinken aufweisen

In der Ferne Berge erklimmen
In den Abgasen um Luft ringen

Mögen wir Erdgeschöpfe stets
CO_2-freie Luft zum Atmen haben

Bäume, Waldflächen lodern im Feuer
die Erde bezahlt die Verwüstung teuer

Mögen wir Erdenbewohner stets
sicheres Feuer zum Wärmen besitzen

Klimawandel wird beiseitegeschoben
Gletscherschmelze im Meer aufgesogen

Mögen wir Erdenbürger stets
über eine Erde zum Leben verfügen!

KRAFT

Der Wind entfaltet seine Kraft
Zeigt beschaulich wieder Macht

Die Menschen wohlig beschützt
Pflanzen es mehr minder nützt

Blätter tanzen wie wild im Wind
Bäume verneigen sich geschwind

Wind schwillt an zum Starksturm
tief In der Erde verbleibt der Wurm

Fühlt sich davon weniger betroffen
ist einfach tiefer hinuntergekrochen

Die Ruhe ist nun wieder eingekehrt
Alles hat sich ganz der Kraft erwehrt!

LEBENSLEITER

Mancherlei Tage des Menschen Lebens
erschienen Einzelnen davon vergebens

gleichwohl wandelt es sich immer weiter
Stufe für Stufe auf dieser Lebensleiter

So auf der obersten Stufe angekommen
heißt ein strahlendes Licht willkommen

so schön dieses nun auch erscheinen mag
die Bestimmung eröffnet einen neuen Tag

alles um den Menschen nun frisch gedeiht
mit Herzensruhe ins Leben neu eingereiht!

LEBEN

Ist ein fortwährendes Lernen

Liebe

Ist ein endloses Mitgefühl

Inspiration

Ist eine unbegrenzte Energie

Kreativität

ist ein unerschöpfliches Potential

Träumen

Ist eine unermessliche Weitsicht!

LICHTSTERNE

Ein Stern erleuchtet die weitreichende Dunkelheit

Sein Licht schenkt während des Träumens Geleit

Alle führen uns vertrauensvoll durch die Nacht

gemeinsam erscheinen sie uns als unendliche Acht

viel Hoffnung und Wunder kündigen sie uns an

Irgendwer, irgendwie, irgendwo und irgendwann...

LIEBE

Liebe ist ein Ja wie auch Nein
für den anderen da zu sein
dabei sich selbst treu bleiben
die Träume nicht abschreiben

Mit Beinen auf dem Boden stehen
der Realität in die Augen sehen
wie Schmetterlinge fliegen können
sich dabei das Bauchkribbeln gönnen

Liebe ist wie ein Vogel in der Luft
Einsperren schafft eine tiefe Kluft
festhalten lässt die Liebe sterben
sinnig für die Freiheit zu werben

Behandele Liebe gut und herzlich
Heile gern wenn auch schmerzlich
Biete die wärmende Geborgenheit
Zurückkehren wird sie ohne Leid

Streck die Hände einladend aus
Wenn die Liebe ein tritt ins Haus
erfüllt von Spannung und Kraft
Lebendigkeit ist der Liebe Macht!

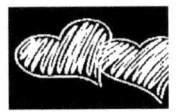

Mehr

Jeder Gedanke bringt uns dichter zur Wahrheit

Jeder Traum lenkt uns näher zur Wirklichkeit

Jedes Lächeln schenkt uns mehr Herzlichkeit

Jede Freundlichkeit gibt so vielmehr Helligkeit

Jede Liebe bereichert mit unendlicher Seligkeit!

MENSCHEN

Menschen werden strahlend

Und sternengleich geboren

Mit dem wichtigsten Geschenk

Der menschlichen Seele!

MENSCHLICHKEIT

Mehr Frieden weniger Streit
Mehr Güte weniger Neid
Mehr Liebe weniger Wut
Menschlichkeit täte gut

Anstatt Unrast mehr Ruh
An Stelle von Ich mehr Du
Entgegen Angst mehr Mut
Positives Denken wäre gut

Dunkles erhellen mit Licht
Weniger Begier mehr Verzicht
mehr Wahrheit mehr Empathie
zu spät für dies Alles ist es nie!

MITTE

Inmitten jeglicher Schwierigkeit

Liegt eine Flut der Möglichkeit

Inmitten jeglicher Schwäche

Liegt ein Eiland der Stärke

Inmitten jeglicher Träume

Liegt eine Insel der Gewissheit

Inmitten jeglicher Botschaft

Liegt ein Atoll der Wahrheit

Inmitten eines jeden Menschen

Liegt ein Kern der All-Liebe!

Nähe

Jedes freundliche Wort, jede Geste

bringt uns Menschlichkeit näher

Jeder Gedanke unserem Gewissen

Jeder Traum unserem Bewusstsein!

NEU

Träume uns im Schlaf geschenkt
unbewusst stets unser Leben lenkt

die Erinnerungen an diese Träume
öffnen uns im Alltag neue Räume

hoffnungsvoll ist nun der Tag
was ein Traum allein so vermag!

PARALLELWELTEN

Träume sind Simulationen
parallel virtueller Realitäten

Realität ist eine Simulation
Unserer parallelen Welten

Träume zeigen unser Selbst
in unbewussten Parallelen

Unser Selbst ist ein Geschenk
virtueller Selbstentsprechungen!

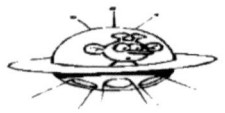

RAUNEN

Es erschien wie in einem Traum
unendlich fern von Zeit und Raum

Flüsternde Stimmen leise raunten
Worte die uns Menschen erstaunten

Ihr alle wisst irgendwo ist ein Licht
führen können wir euch dahin nicht

Der Weg dorthin ist noch unbekannt
Irrlichter kauern sich am Wegesrand

Die Sonne, der Mond und alle Sterne
vereinen sich für euer Licht so gerne!

REISEGEPÄCK

So verschieden so individuell
Beladen mit Ressourcenquell

Ausgestattet mit viel Gepäck
Start-klar für den Self-Check

Die Ereignisse auf dieser Reise
Prägen in so unbewusster Weise

Zwischenstopps Geschehnisse
Selfies der veränderten Kulisse

Zeitweilige Reisebegleitung
Verknüpfte Wegbeschreitung

Das Reiseziel stets im Blick
Routenmeister mit Geschick!

RICHTUNG

Ein richtiger Weg zum Ziel
davon gibt's zum Glück viel

Links, rechts oder geradeaus
zurück führt selten heraus

Links erscheint introvertiert
Rechts allzu sehr extrovertiert

Geradeaus ist die Entscheidung
erlösend mit Zweifelsmeidung!

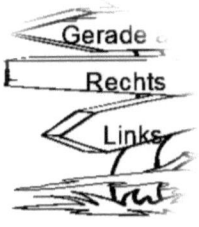

SCHATZTRUHE

Die Nacht ließ mich in einen Traum entgleiten
ich sah mich auf einem weißen Einhorn reiten
entlang einem unendlich scheinenden Strand
auf dem Wasser sich eine Schatztruhe befand

Das Öffnen des Schlosses fiel mir nicht schwer
der Inhalt der Truhe gab viel überraschendes her
das, was mich sofort ansprach, nahm ich mit
der Rest mit einer Welle aber ins Wasser glitt

Die Schatztruhe scheint nun für immer fort
zumindest nicht mehr an jenem Fundort
die seichten Wellen trugen sie wohl weiter
bestimmt für einen anderen Sternenreiter!

SCHÄUME

Der Tag an mir vielfach vorübereilt
Nachtruhe oft gern bei mir verweilt

kräftigender Schlaf, süße Träume
eine Flut fantasievoller Schäume

das Universum genau erkundet
unsere Erde aufs Neue umrundet

Zurück gekehrt ins Hier und Jetzt
Neuronal wieder im Up-date Netz!

SCHEIN

Die Welt erschien einst geradeso weit
Gedanken aus lang vergangener Zeit

Der Mensch erscheint so eingeschränkt
In der Gegenwart oft mehr als gelenkt

Politik wie Medien fälschlich vertraut
Scheinheiligkeit, wohin man schaut

Die Natur ist solch schön anzusehen
verbleibt sie in der Zukunft bestehen?

SEELENWANDERUNG

Wie oft bin ich schon gewandert
In einer Welt der Freude oder Leids

Wie oft habe ich verwandelt die Form
Und die Farbe meines Lebenskleids

Wie oft versäumte ich den Lebenssinn
Wie oft erkennend ob ich es wieder bin!

SELBSTAUSDRUCK

Sage, was du fühlst

Steh zu dem, Was du träumst

Sei, Wer du bist

Liebe, was du bist!

SPIEGLEIN

Ich öffne mich jetzt mehr und mehr
für meine eigene innere Wirklichkeit
Ich erlebe sie immer klarer und deutlicher

Ich genieße meine innere Freiheit
spüre sie mit all meinen Sinnen
Ich erlebe sie klarer und deutlicher

Ich bin offen auf allen Ebenen
heiße Willkommen was kommt
Ich erlebe es klarer und deutlicher

meine inneren Auge sehen Farben
Farben, die sich völlig verändern,
Ich erlebe die Farben klar und deutlich

Ich stehe vor einem immensen Spiegel
Ich schaue in den Spiegel meiner Seele
Ich sehe mein Selbst klarer und klarer

Das innere Erleben verblasst immer mehr
Die unbewussten Bilder läsen sich auf
ich komme zurück ins Hier und Jetzt!

SPIEGELSAAL

Im oktogonalen Raum
Kosmischer Spiegelsaal

Decke Wände Boden
In der Mitte Posen

Gesenkte Lider heben
im Uhrzeiger drehen

Spiegelbilder sehen
Selbstkopien verstehen

in parallelen Zeiten
in unendlichen Weiten!

SUCHE

Einige gehen
andere kommen

Sich strahlend
im Ruhme sonnen

Oder spürend wie
die Macht zerrinnt

Veränderungen die
das Leben bringt

SYLVESTER

Es ist wie immer wieder da
Gut bekanntes Neues Jahr

Vorsätze auch wie immer
Gestylt mit Party Glimmer

Zukunftsblicke erneut parat
Passt sich gut in der Tat

Feuerwerk bestaunt mit „AH"
Vorbei ist nun das alte Jahr

Hoffnung oftmals neu erwacht
Beschwingt frohe Silvesternacht!

TRAUMSTRAND

An dem schönsten Traumstrand

zwischen den Zehen weißer Sand

rechts und links so unendlich lang

einen gekühlten Drink in der Hand

die Sonne scheint in das Gesicht

erfrischend ist des Wassers Gicht

losgelöst vom alltäglichen Sein

Entschleunigung im Sonnenschein!

TRÄUME

Schenke Dir die Zeit

zum Träumen

denn es ist der Pfad

zu den Sternen

Träume sind

wie eine reine Quelle

die niemals versiegt

zugleich

wie Sand in der Wüste

halten wir sie nicht fest

weht der Wind sie fort!

TIEFE

Hast du den Moment gespürt

Der all deine Sinne berührt

Alles im Dasein durchlebt

Was tief dein Herz bewegt

im Leben strebend erlangt

Um das Du öfters gebangt

voller Zufriedenheit geruht

Beglückt mit Seelenanmut?

UNENDLICHKEIT

Sterne leuchten am Firmament
die Zeit mega-schnell verrennt

ein Stern am Himmel verbrennt
sichtbar für jeden der ihn kennt

die Weichen sind längst gestellt
was die Lebensreise so bereit hält

Geschehnisse auf der ganzen Welt
eine Zukunft im Universums Zelt?

Versunkener Mythos

Vor langer Zeit in einem fernen Land
Sich im weiten Meer eine Insel befand
von den Emotionen und Wissen bewohnt
dennoch nicht vom Versinken verschont

Der Reichtum segelte als Erster hinfort
nur Gold, Silber und Münzen an Bord
Und belief die bittende Liebe vor Ort

Auch der Stolz nahm die Liebe nicht mit
während er erhaben sein Boot beschritt
aus Bangigkeit des Schiffes Pracht litt

Die Bitte der Liebe sie mit zu ergreifen
verwehrte die Traurigkeit desgleichen
Um allein im Kummer zu entweichen

Die gute Laune wie stets ausgewogen
lockte es sich stürmisch auszutoben
Liebe indes auf ein altes Schiff gehoben

Das Festland hat die Liebe froh erreicht
das alte Schiff war so schnell entweicht
es hat nicht mehr zum Danken gereicht

Des Schiffes Name lautete „die Zeit"
nur die Zeit weiß um die Wichtigkeit
der Liebe im Leben unserer Menschheit!

WEG

Der Weg ist meist kein leichter
Und so geht es oftmals weiter

Manchmal ergibt sich eine Rast
Befreiend von so mancher Last

Erscheint uns der Weg zu Ende
Ist es nur ein Wink zur Wende

Erdenkliche Pfade tun sich auf
Lass der Fügung seinen Lauf!

WENDE

Sommersonnenwende
zum Himmel empor
Gestreckte Hände
Licht-Energie-Chor

Umgeben von hohen Steinen
tausende Jahre alt erscheinen
Menschen ganz dicht gedrängt
mit universeller Energie beschenkt

Wintersonnenwende
auf dem Boden
ruhende Hände
Erdung aufgesogen

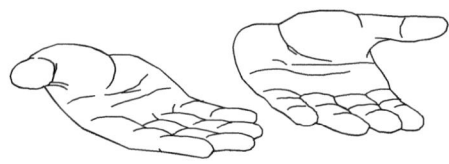

WOLCKEN

Die dunklen Wolken lösen sich auf

zum blauen Himmel schau ich rauf

die Sonne wärmt Körper und Gesicht

verschenkt ihr hellstrahlendes Licht

mit einem Lächeln gehe ich in den Tag

neugierig was er Neues bringen mag

Sorgen haben dem Lachen Platz gemacht

dank des Träumens in der letzten Nacht!

ZAUBERKRAFT

Schön wäre die Fähigkeit von Zauberkraft
die all den Wünschen Realität verschafft

mal dreimal mit den Fingern schnippen
zur Problemlösung aller Lebensklippen

dreimal mit der Faust das Holz berühren
nah eine glückliche Wendung verspüren

ebenso 3-mal die Hacken aneinander reiben
und somit alles Unglück weit vertreiben

Wäre es nicht einfach mehr als wunderbar
Wären alle Wünsche so unerwartet wahr?

ZEIT, RAUM und MENSCH

die Zeit

vor ungefähr 4,59 Milliarden Jahren geboren
von den Menschen zur Maßeinheit erkoren

die Zeit

endlich im menschenbezogenen Denken
unendlich Universum bezogenes Lenken

die Zeit

die auf unserer Mutter Erde verbleibt
ein Anfang der sich zum Ende neigt

die Zeit

möchte gerne ganz bei uns verweilen
wir Menschen sie zu hastig zerteilen

die Zeit

aufgrund des Alters weise und erfahren
belächelt unser alltägliches Zeitgebahren

die Zeit

hält Raum für Freude sowie Glück bereit
während sie vom täglichen Druck befreit

die Zeit

treuer immerwährender Wegbegleiter
auf den Stufen unserer Lebensleiter

die Zeit

die großzügig ihr Geschenk mit uns teilt
auch gleichsam sanft Wunden heilt

die Zeit

sie macht nie halt, dreht sich weiter
wissend, gelassen, ehedem stets heiter

Der Mensch

Wir Menschen als Teil in Zeit und Raum
auf einer Zeitinsel für den Lebenstraum!